COLONIES SCOLAIRES DE VACANCES

DU IXe ARRONDISSEMENT DE PARIS

~~~~~~~~~~

PREMIÈRE ANNÉE

~~~~~~~~~~

RAPPORT

DE

M. EDMOND COTTINET

ADMINISTRATEUR DÉLÉGUÉ DE LA CAISSE DES ÉCOLES

ET DU COMITÉ DES COLONIES

1883

———◁○▷———

PARIS

IMPRIMERIE ET LIBRAIRIE CENTRALES DES CHEMINS DE FER

IMPRIMERIE CHAIX

SOCIÉTÉ ANONYME AU CAPITAL DE SIX MILLIONS

Rue Bergère, 20

1884

COLONIES SCOLAIRES DE VACANCES

DU IXᵉ ARRONDISSEMENT DE PARIS

~~~~~~~~~~~~

PREMIÈRE ANNÉE

~~~~~~~~~~~~

RAPPORT

DE

M. EDMOND COTTINET

ADMINISTRATEUR DÉLÉGUÉ DE LA CAISSE DES ÉCOLES

ET DU COMITÉ DES COLONIES

1883

———◦———

PARIS

IMPRIMERIE ET LIBRAIRIE CENTRALES DES CHEMINS DE FER

IMPRIMERIE CHAIX

SOCIÉTÉ ANONYME AU CAPITAL DE SIX MILLIONS

Rue Bergère, 20

1884

DU IX ARRONDISSEMENT DE PARIS

COLONIES SCOLAIRES DE VACANCES

DU IXe ARRONDISSEMENT DE PARIS

Rapport présenté à Messieurs les Fondateurs et Sociétaires de la Caisse des Écoles, à Messieurs les Souscripteurs des Colonies scolaires de vacances, dans l'Assemblée générale du 29 décembre 1883.

MESSIEURS,

Vous n'avez pas oublié le projet dont l'exposé terminait le dernier rapport que vous avez reçu. Vos administrateurs étudiaient alors, au profit des enfants débiles de nos écoles primaires, l'importation de ces *Colonies de vacances* florissantes en Suisse, leur mère-patrie, si heureusement imitées ailleurs que chez nous. Elles devaient n'avoir rien de commun avec ces *Voyages*, quelque divertissants et profitables qu'ils soient, dont d'autres Caisses d'Ecoles gratifient les écoliers méritants de certains arron-

dissements de Paris. Notre visée, toute diffé-
rente, était purement hygiénique, d'hygiène
préventive : nous désirions enlever des écoliers
étiolés au méphitisme ambiant de la grande
ville, au confinement, à l'oisiveté, à l'ennui
qui sévissent sur eux, de préférence en cette
époque de l'année où d'autres enfants, plus favo-
risés de la fortune, s'échappent et vont au loin
faire provision de liberté, de gaieté, de santé.
Nous voulions pour les nôtres une part de ces
biens, nous voulions la leur donner à conquérir
au village, dans l'air pur de la montagne, dans
un repos nourri d'activité rustique.

L'entreprise ne semblait pas trop simple. On
pouvait craindre l'incertitude de la dépense, l'in-
suffisance des logements, les risques de la nourriture ; on doutait même de l'adhésion des parents, si peu habitués, à Paris, à se séparer
d'enfants peut-être plus chèrement aimés qu'ailleurs. Je ne parle pas de la responsabilité lourde
que nous assumions de garantir pendant un long
mois des existences choisies entre les plus frê-
les... Aujourd'hui, ces craintes se sont éva-
nouies, notre responsabilité vient allègrement
demander sa quittance, les *Colonies de vacances*
ont fait leur preuve, et leur succès n'attend plus
qu'un rapporteur capable de remercier assez les
souscripteurs qui l'ont préparé, ainsi que les

collaborateurs dont le dévouement l'a fondé dans le présent et va l'étendre dans l'avenir.

Mais, Messieurs, une entreprise destinée, n'en doutez pas, aux développements que Paris réserve à toute œuvre de progrès populaire, une telle entreprise mérite d'être exposée dans ses détails, au moins pour la première fois, ne serait-ce qu'afin d'épargner des tâtonnements aux imitateurs qu'elle souhaite; et c'est à cette fin que vous me permettrez de n'être pas trop bref cette fois-ci.

Donc, aussitôt votre assentiment obtenu, le premier soin de votre Conseil fut de former un comité spécial, qu'il composa de MM. Chaix, Cohin, Goldschmidt et Edm. Cottinet, assistés de M. Jacquemart, inspecteur primaire, sous la présidence du maire, M. Émile Ferry; et ce comité, prévoyant le besoin qu'il aurait des lumières de la science médicale, s'adjoignit un membre étranger, hautement qualifié, M. le docteur Lagneau, de l'Académie de médecine, vice-président du Conseil supérieur d'hygiène.

Ainsi constitué, et après avoir pris connaissance des documents suisses et allemands qu'un de nous avait réunis, le comité décida, à titre d'expérience, l'envoi en vacances de deux premiers groupes, un de garçons, un de filles, de l'âge de dix à treize ans; chaque groupe devant être recruté dans une seule école, afin que le chef connût parfaitement son personnel, et se composer, avec lui, de neuf enfants, nombre déterminé par la contenance d'un compartiment de wagon. Il fut convenu, afin que des soins maternels ne manquassent pas aux garçons, que l'instituteur chargé de leur conduite emmènerait sa femme. L'école de la rue Blanche fut appelée à fournir les garçons, et celle de la rue Milton les filles. La dépense fut prévue à trois francs par tête et par jour, frais de voyage et honoraires des maîtres compris, en chiffres ronds 2,000 francs pour vingt et une personnes et trente-deux jours. Là-dessus, la Caisse des Écoles nous alloua le quart, M. Goldschmidt une généreuse moitié, votre rapporteur dut récolter le reste. Vous serez flattés, Messieurs, de voir figurer, parmi les souscripteurs qu'il a pu conquérir, trois membres de l'Académie française.

L'effectif et la finance des colonies ainsi réglés, il s'agissait de choisir leur résidence. Le Jura, l'Auvergne, les Vosges parurent abrupts pour un premier essai ; cependant une certaine altitude était requise, et Paris, assis à 32 mètres au-dessus du niveau de la mer, ne présente pas d'environs assez élevés pour la cure d'air que nous nous proposions.

Notre embarras était grand, lorsque la bienveillance d'un haut fonctionnaire nous vint en

aide et sut nous fournir la solution la plus
simple et la plus efficace de nos difficultés.

Le préfet de la Haute-Marne, M. Favalelli,
que l'un de nous avait intéressé à notre projet,
après avoir sollicité sans succès en notre faveur
l'hospitalité de divers agriculteurs de son département, eut enfin l'heureuse pensée de nous
offrir le couvert et le vivre là où ils étaient
réunis sous sa main, à l'Ecole normale de Chaumont, que les vacances allaient laisser vide.
Le directeur y devait néanmoins demeurer, ainsi
que l'économe et les serviteurs de la maison,
plus un maître-adjoint, enfant du pays, précieux
futur guide des promenades de nos Parisiens (1).

Chaumont, placé à 345 mètres d'altitude, sur
un promontoire que contourne la vallée élargie
de la Marne, Chaumont fort aéré, fort ensoleillé,
satisfaisait d'autant mieux à nos exigences que
son École normale s'isole de la ville par un
large boulevard planté de vieux arbres et s'en-
toure de jardins qui débouchent en rase campagne. Fort de l'assentiment du recteur de Dijon
et du concours gracieux de M. l'inspecteur d'académie, M. Favalelli nous y assurait la gratuité

---

(1) M. Desnouveaux, professeur-économe, et M. Clément,
maître-adjoint, ont mis tout leur cœur dans les services
incessants qu'ils nous ont rendus.

du logement et, au même prix où l'Ecole la
paie, la nourriture solide dont ses élèves-maîtres
se montrent contents. Enfin, la haute tutelle du
directeur, l'excellent M. Collignon, et la solli-
citude que nous témoignait d'avance sa belle et
nombreuse famille, nous étaient d'un avantage
inappréciable. Nous acceptâmes donc, avec une
joyeuse reconnaissance, la combinaison inespérée
que M. Favalelli nous offrait, et il ne nous resta
plus qu'à chercher un équivalent pour nos filles.

Recherche brève : elle aboutit tout de suite
dans le département voisin, la Haute-Saône, où
le fils d'un ancien maire de notre arrondissement, de l'infortuné Chaudey, lui-même con-
seiller de préfecture, sut gagner son préfet à
notre cause. M. Michel, à son tour, enflamma
pour nous le zèle de l'inspecteur d'académie,
M. Lemonnier, et celui du sous-préfet de Lure,
M. Arnal, dans l'arrondissement duquel la beauté
des sites nous faisait souhaiter de trouver une
installation.

Et, en effet, ce fut à Luxeuil que ces messieurs nous introduisirent auprès d'une institu-
trice libre, Mlle Bonvalot, qui tenait un pen-
sionnat annexe à l'école primaire. Celle-ci,
avec un élan généreux qui ne devait pas se
démentir, mit immédiatement à notre disposition
sa maison, son jardin, son personnel, accepta

nos prix, nous laissa transformer ses classes en dortoirs, ses dortoirs en préaux pour les jours de pluie, et ne nous avertit seulement pas qu'elle se réservait d'ajouter mille gâteries et mille grâces à ce que nous lui imposions.

Luxeuil, d'ailleurs, ne nous convenait pas moins parfaitement que Chaumont. Situé à la même altitude, il offrait au tempérament plus délicat de nos filles une exposition moins ventée, un climat plus égal, des promenades plus abritées. Son magnifique parc public, la proximité de ses bois nous séduisaient, et, par-dessus tout, Luxeuil nous promettait le bienfait de ses eaux minérales, à la fois salutaires et inoffensives, et les soins aussi prudents que désintéressés de son éminent médecin-inspecteur, M. le docteur Tillot.

Toute notre campagne ainsi établie, toutes les assistances nous étant acquises, le délégué de la commission put rentrer à Paris et s'occuper, avec le docteur Lagneau, de la composition des groupes. Ce ne fut pas sans gémir à la fois sur la désolante condition des enfants choisis et sur le nombre trop considérable de ceux qu'il fallut abandonner. Le consentement et la décharge *par écrit* des parents furent vivement obtenus, les élus furent pesés et ensuite mesurés, à la double mesure de la taille et de la circonférence

thoracique, et lorsque M. le maire les eut munis
tous de bonnes chaussures et eut distribué de
la flanelle et quelques vêtements aux plus besoi-
gneux, lorsque la compagnie de l'Est, pour leur
épargner la fatigue des longs parcours, leur
eut accordé la faveur du transport en seconde
classe, au demi-prix de la troisième, ils n'eurent
plus qu'à recevoir nos instructions pour l'emploi de leur temps.

Ces instructions étaient un simple cours d'hygiène expérimentale.

Les enfants devaient chaque jour faire eux-
mêmes leur lit, nettoyer leurs habits et leurs
chaussures, se laver, non plus sommairement,
comme la plupart s'en étaient contentés jusqu'a-
lors, mais des pieds à la tête, à l'eau de savon;
recommencer partie des lavages au retour des
promenades et, à ce moment, quitter les fla-
nelles et les chemises mouillées par la transpi-
ration, pour venir au repas vêtus à sec. Ils devaient commencer la journée en chantant les
chants de l'école, chanter encore aux haltes des
promenades, faire de la gymnastique d'appareils
les jours de pluie et, sauf une heure destinée à
certain travail intellectuel, ne rentrer pour ainsi
dire jamais sous un toit.

Le travail en question ne serait que la tenue
d'un journal, où chaque enfant consignerait

l'emploi détaillé, minutieux, de sa journée de la
veille; pratique dont l'innovation nous appar-
tient et qui a donné les meilleurs résultats. Les
enfants lui ont dû plus que de conserver l'habi-
tude de la plume, ils y ont appris à se rendre
compte de leur temps, à expliquer un travail rustique, la situation d'un édifice, l'emploi d'une
machine, à raconter une impression reçue; ils
ont gardé pour eux et pour leurs familles les
souvenirs instructifs et plaisants de leurs vacances, et, sans qu'ils s'en soient doutés, ils ont
préparé à notre contrôle des pièces probantes
dont la naïveté a doublé la valeur.

A ce programme, M. Collignon allait ajouter,
pour les garçons, l'exercice du tir et M. Lécart
les bains de rivière. Les filles auraient les bains
dans la piscine de Luxeuil, dont le ministre du
commerce leur accordait la gratuité, à la solli-
citation de notre cher président.

Enfin, les deux essaims s'envolèrent, les garçons le lundi, 13 août, les filles le lundi suivant;
celles-ci sous la conduite de Mlle Mercier, insti-
tutrice-adjointe, ceux-là sous celle de M. Lécart,
instituteur-adjoint, tous deux animés du zèle le
plus vif pour l'œuvre dont la responsabilité leur
incombait désormais. Chez l'un comme chez
l'autre, ce zèle était fortifié par un amour inné
des enfants, par une pratique déjà longue, par

une intelligence très spéciale, par le plus heureux équilibre de vivacité dans le tempérament et de fermeté dans le caractère.

Nos écoles, si souvent méconnues, si volontiers calomniées en certains milieux, abondent en capacités de cet ordre; mais, je le déclare bien haut, des dévouements égaux à ceux que nous avons éprouvés là, capables de s'appliquer à de tels soins, si longtemps, nuit et jour, sans défaillance, sont rares partout, même chez nous (1).

Et maintenant, disons comme les marins : A Dieu va !... Nos écoliers vont ouvrir de grands yeux devant la nature dévoilée. Ils vont admirer le grain sur l'épi, le fruit sur la branche, le paysan sur le sillon. Merveilles pour ces Parisiens, dont quelques-uns n'ont peut-être dépassé les fortifications que pour suivre un corbillard au cimetière ! Quelles *leçons de choses* leur ménage leur maître qui, lui, a vécu aux champs jusqu'à vingt ans ! Les voyez-vous, furetant à ses côtés dans les fermes, s'ébahissant aux bœufs de labour, s'attendrissant aux agneaux, à la couvée,

---

(1) Mᵐᵉ Lécart, digne émule de son mari, lui a facilité sa tâche. Jeune, alerte, cordiale, elle a été la sœur et la mère de nos garçons, dont la gratitude pour elle est restée très vive.

lampant le lait frais, grimpant aux pommiers, s'attelant à la charrette de regain ? Un jour, ils vont s'arrêter à un coin de terre que bêche péniblement un pauvre vieux estropié, ils empoigneront ses outils, laboureurs novices, et, tant bien que mal, ils achèveront la tâche du vieillard. Ils visitent les carrières, ils en rapportent des fossiles ; ils entrent dans les moulins, dans les châteaux, ils parcourent les chantiers du canal ou le champ de manœuvres, partout choyés et complaisamment instruits de chaque chose, partout prenant des notes pour le *journal*. Ou, si la chaleur trop forte les écarte de la plaine, M. Lécart les mène, à l'abri des hauts ormeaux de la ville, demander des enseignements nouveaux à ses établissements publics. Vous liriez au journal la description du grand viaduc, de la cathédrale, de la caserne, de la prison cellulaire, de l'abattoir (où le vétérinaire de la ville fit à ces messieurs la gracieuseté de l'autopsie d'un veau), de la grande fabrique de gants, ainsi que des diverses préparations que les peaux y subissent. Vous y liriez jusqu'au récit des friands goûters que M. Favalelli leur offrit dans le jardin de la Préfecture, jusqu'à celui de la visite de M. Chaix, quand il vint les surprendre à table et que, émerveillé de leur appétit, non moins que des plantureux potages dont M. Collignon l'apaisait,

il les vit ne pas reculer encore devant les mon-
ceaux de pain d'épice qu'il leur apportait de
Reims.

A Luxeuil, les choses n'allaient pas plus mal.

Votre rapporteur eut le plaisir d'y voir con-
sommer une tarte gigantesque, la troisième de
la semaine, et quand, le lendemain matin, il
assista au premier déjeuner, de même que le
Psalmiste *s'étonne de la quantité de larmes que
contiennent les yeux des rois*, il s'étonna de la
quantité de tartines beurrées que contiennent les
estomacs des petites filles. A ce régime, l'embon-
point et la fraîcheur du teint s'accentuaient déjà
au terme de la première quinzaine; la seconde
devait parachever l'opération. Deux enfants, qui
étaient arrivées affectées de plaies profondes et
invétérées, avec inflammation de l'os, l'une à la
mâchoire, l'autre à la jambe, allaient repartir
guéries et cicatrisées. Les bains et les applica-
tions de boue minérale, les vins toniques prescrits
par le Dr Tillot, les pansements intelligents et
répétés de Mme Mercier, la cuisine riche de
Mlle Bonvalot, l'air, le soleil, la gaieté allaient
compléter ces cures difficiles. Oui, la gaieté aussi!
cet élixir suprême, ce trésor de notre race, la
gaieté dont l'absence sur un jeune visage est
l'ombre même de la mort, elle éclatait sur ceux-
là à toute heure, sans raison, sans prétexte,

comme une floraison de vie. Ah! rien qu'à l'en-
tendre s'épanouir en rires infinis, redoublés et
répercutés, vous eussiez été convaincus, Messieurs,
de la bonté de votre œuvre!

Et l'on en retrouve l'écho jusque dans les
journaux de nos écolières, journaux aussi riches
d'informations que ceux des garçons; seulement,
les informations y sont d'autre catégorie. Ici,
point de visites aux carrières, aux abattoirs, aux
prisons, fi!... Si l'on a exploré les ateliers d'une
filature et si l'on a su en rendre un compte
exact, on laisse percer l'admiration qu'ont surtout inspirée la vache du concierge et ses deux
chèvres blanches. Ce qu'on visite le plus con-
sciencieusement, ce sont des bois riches en
noisettes, des haies ruisselantes de mûres... Et
l'on a rapporté chaque jour des fleurs nouvelles!
Les journaux mentionnent la pensée sauvage, la
marguerite, le myosotis, la bruyère; fleurs à
poigne-main, à pleins bras, fleurs gratuites,
quelle richesse! Les lettres envoyées aux mères
en sont bourrées, et, quand ce ne sont pas des
fleurs qu'on y insère, je me persuade que ce
sont des mots qui leur ressemblent, des mots
délicats et frais, tels que ceux dont s'embau-
ment les journaux de ces fillettes. Et que de jeux
y figurent! que de chansons! On a chanté jusque dans la piscine, et de façon à mériter les

compliments des belles dames, qui n'ont pas manqué d'inviter nos filles d'artisans à jouer au Parc avec leurs demoiselles.

C'est, Messieurs, qu'à Luxeuil, comme à Chaumont, nos enfants ont honoré leur cité, leurs familles, leurs maîtres: Bonne tenue, docilité, intelligence, c'est ce qui les a partout fait prendre pour l'élite de nos écoliers, tandis qu'ils n'étaient que l'élite de nos anémiques. Je me hâte d'ajouter qu'au retour il n'était plus question d'anémie. Qui n'a pas été témoin du ravissement des parents a manqué un touchant spectacle. Les bonnes gens n'en pouvaient croire leurs yeux. « Est-ce là notre fille? Voyez-la donc! Elle est plus grande que son frère!... elle est plus forte que sa mère! » Voilà ce qu'on entendait. Et les baisers de pleuvoir, et les mains de se tendre vers votre représentant, et les remerciements de jaillir en paroles chaudes à l'adresse de la Caisse des Écoles et de la Mairie.

Franchement, elles ne les avaient pas volés. Le 20 août, l'âge moyen de nos filles était de douze ans et demi. D'après Quételet, l'accroissement normal du poids d'une fille à cet âge est de 291 grammes par mois : les nôtres avaient augmenté de 2,391 ! près de neuf fois autant ! Pour la taille, Quételet fixe la croissance à 4 millimètres; nos filles en avaient gagné 20 ;

Pagliani estime le développement thoracique à 2 millimètres, elles l'avaient doublé (1).

Chez nos garçons, l'âge moyen était de onze ans trois dixièmes. A cet âge, Quételet assigne aux garçons une augmentation de 150 grammes seulement par mois; les nôtres avaient atteint 1,083 grammes; moyenne calculée, il est vrai, sur les six qui avaient engraissé, car deux avaient maigri et un était demeuré stationnaire. Le résultat ici semble inférieur à celui que les filles ont obtenu, mais l'air excessivement vif de Chaumont, les exercices violents, les promenades longues au soleil, la nourriture forte, mais plus sobre, de l'École normale expliquent assez cette différence.

Et quelle revanche, si l'on mesurait le thorax ! Chez nos garçons, il s'était developpé en un mois juste autant que Pagliani veut qu'il se développe en une année chez ceux de leur âge et de leur condition, de 16 millimètres ! Et, remarque curieuse, c'est chez ceux qui avaient maigri qu'il s'était developpé le plus (de 20 millimètres chez chacun des deux). Pour la taille, les garçons avaient atteint, comme les filles, cinq fois la moyenne d'accroissement normal.

---

(1) Quételet et Pagliani m'ont été indiqués par le Dr Lagneau comme les démographes les plus autorisés.

Il faut que je m'arrête, Messieurs, avant de fatiguer votre attention. Je remets à des tableaux qui suivront ce rapport d'autres chiffres qui vous signaleront la persistance du bon effet des vacances dans les mois subséquents. Le bilan de nos dépenses n'est pas moins satisfaisant. Je n'ai plus à vous parler que de la campagne prochaine.

Si le bienfait de votre nouvelle institution vous est démontré, vous ne permettrez pas qu'il soit restreint à un nombre minime de participants. Vous l'étendrez d'abord à toutes nos écoles, et, du même coup, vous doublerez nos effectifs. Neuf enfants seulement par école ! neuf sur deux ou trois cents (1) ! Eh ! Messieurs, que n'avez-vous pu jeter avec nous les yeux sur la collection de ceux que nous avons appelés à nous fournir ce misérable résidu ! Que de figures creuses ! que de poitrines renfoncées ! que d'omoplates saillantes ! que d'yeux ternes et surtout suppliants !... Quand notre choix était près de s'épuiser, quand nous arrivions au dernier à prendre de ces garçons blêmes, à

---

(1) Genève, dont la population est inférieure au tiers de notre arrondissement, Genève a envoyé cette année 83 enfants à la montagne ou aux bains de mer, à Cette.

la dernière de ces filles étiolées, le cœur nous saignait de voir subitement pâlir encore les délaissés ; pâlir de regret, pâlir en pensant qu'il faudrait rester dans la petite cour, dans le fond de puits de quatre mètres carrés, entre les murailles noires aux sept étages, ou dans le soussol de la boutique, à respirer le ruisseau par le soupirail, tandis que les camarades iraient s'épanouir au grand soleil de Dieu...

Allons, Messieurs, un bon coup de cœur ! Il nous faut 180 colons cette année, dix-huit par école, avec vingt maîtres et maîtresses ; donnez-les-nous sans marchander ; donneznous de quoi faire moins de jaloux, plus d'heureux, de quoi préparer à la patrie le plus grand nombre possible de citoyens sains, de soldats valides, de mères fécondes. C'est peut-être ne pas trop attendre de l'action prolongée des Colonies scolaires de vacances.

Edmond COTTINET.

FILLES

Mesures prises au départ, au retour de la Colonie et pendant les deux mois après la rentrée à l'École.

Âge en années.	POIDS				TAILLE				CIRCONFÉRENCE THORACIQUE			
	au départ 18 août.	à la rentrée 20 septembre.	20 octobre.	20 novembre.	au départ 18 août.	à la rentrée 20 septembre.	20 octobre.	20 novembre.	au départ 18 août.	à la rentrée 20 septembre.	20 octobre.	20 novembre.
13	34k.480	37k.500	40k	39k.500	1m46	1m49	1m48	1m495	0.76c	0.77c	0.70c	0.78c
10	20.	26.500	28.500	28.	1.32	1.35	1.38	1.38	0.645	0.70	0.685	0.685
12	27.700	30.500	31.	31.	1.305	1.33	1.33	1.35	0.68	0.71	0.70	0.72
13	36.500	33.500	39.500	40.500	1.465	1.485	1.485	1.49	0.75	0.775	0.78	0.80
12	32.000	34.500	34.500	34.500	1.41	1.43	1.44	1.44	0.705	0.705	0.705	0.76
13	37.200	41.500	42.	42.500	1.50	1.575	1.58	1.53	0.71	0.76	0.77	0.77
12	30.700	32.500	34.500	34.500	1.44	1.45	1.48	1.48	0.635	0.685	0.705	0.70
10	27.	20.500	30.	30.	1.30	1.33	1.38	1.39	0.65	0.60	0.68	0.69
12	32.	35	37.	37.500	1.385	1.405	1.41	1.43	0.71	0.78	0.745	0.76

OBSERVATIONS

Faites sur l'ensemble des enfants (filles) formant la colonie.

L'augmentation de poids chez les Filles est énorme. Elle a été continue, mais en proportion moindre après la rentrée.

Le gain a été de . . . .

21,520	grammes à la campagne en un mois.
11,000	— le 1er mois suivant, à Paris.
1,000	— le 2e mois suivant, à Paris.
33,520	— pour les trois mois.

TOTAL. . . .

Moyenne des trois mois, par enfant, 3,724 grammes.

Pour la taille, accroissement de .

0m180	à la campagne en un mois.
0.080	le 1er mois suivant, à Paris.
0.070	le 2e mois suivant, à Paris.
0.330	

TOTAL. . . . .

Moyenne des trois mois, par enfant, 36 millimètres.

Pour le thorax, gain do .

0m340	à la campagne en un mois.
0.025	le 1er mois suivant, à Paris.
0.055	le 2e mois suivant, à Paris.
0.420	

TOTAL. . . . .

Moyenne des trois mois, par enfant, 46 millimètres. . . même observation que pour le poids. Pour le thorax, l'augmentation a été moindre dans le premier mois de la rentrée, pour reprendre vigoureusement dans le second.

GARÇONS

Mesures prises au départ, au retour de la Colonie et pendant les deux mois après la rentrée à l'École.

Âge en années.	POIDS				TAILLE				CIRCONFÉRENCE THORACIQUE			
	au départ 12 août.	à la rentrée 13 septembre.	26 octobre.	26 novembre.	au départ 12 août	à la rentrée 12 septembre.	26 octobre.	26 novembre.	au départ 12 août.	à la rentrée 12 septembre.	26 octobre.	26 novembre.
12	31k.025	28k »	28k.400	28.800	1m31	1m317	1m328	1m328	0.62e	0.64e	0.63e	0.65e
11	27.500	27.500	29.200	29.202	1.34	1.355	1.365	1.37	0.65	0.65	0.66	0.69
12	26. »	27.500	27.000	27.700	1.275	1.280	1.285	1.20	0.60	0.61	0.63	0.65
11	24.500	25. »	25.200	25.300	1.285	1.296	1.314	1.310	0.60	0.62	0.61	0.65
10	30.500	26.500	27.400	27.300	1.28	1.284	1.204	1.204	0.61	0.63	0.62	0.65
12	25.500	27.500	27.100	28.400	1.35	1.37	1.39	1.44	0.58	0.60	0.63	0.66
13	25.500	27.500	31.100	31.500	1.39	1.405	1.425	1.435	0.655	0.69	0.675	0.69
13	46.500	46.500	47.600	47.200	1.56	1.568	1.575	1.585	0.75	0.76	0.78	0.76
10	27. »	28.500	28.600	28.700	1.31	1.323	1.333	1.338	0.66	0.69	0.66	0.08

OBSERVATIONS

Faites sur l'ensemble des enfants (garçons) formant la colonie.

Chez les Garçons l'augmentation du poids a été bien moindre que chez les Filles. Nous en avons indiqué les raisons probables. Elle est néanmoins considérable. Notons qu'elle s'est accrue d'une façon extraordinaire dans le mois qui a suivi la rentrée.

Le gain a été de	0,475	grammes à la campagne en un mois.
	7,700	— le mois suivant, à Paris.
	1,600	— le second mois suivant, à Paris.
TOTAL.	9,775	

Moyenne des trois mois, par enfant, 1,086 grammes.

Pour la taille, l'accroissement a été de.

	0ᵐ098	à la campagne en un mois.
	0.081	le mois suivant, à Paris.
	0.120	le 2ᵉ mois suivant, à Paris.
TOTAL.	0.209	

Moyenne des trois mois, par enfant, 33 millimètres.

Pour le thorax, les Garçons ont gagné.

	0ᵐ105	à la campagne en un mois.
	0.005	le mois suivant, à Paris.
	0.185	le 2ᵉ mois suivant, à Paris.
TOTAL.	0.355	

Moyenne des trois mois, par enfant, 40 millimètres.

Chez eux, comme chez les Filles, même bonne note : le thorax s'est développé plus que la taille. Le second mois à Paris, après la rentrée, a donné plus de progrès que le premier, plus même que le mois à la campagne.

PREMIERS SOUSCRIPTEURS

La Caisse des Écoles.	500 fr.
Anonyme	100
Anonyme, *de l'Académie française*. . . .	50
Ernest Legouvé, *de l'Académie française* .	20
Émile Augier, *de l'Académie française* . .	20
Jules Barbier	20
Lucien Perret.	10
Eugène Crépet.	10
E. Breittmayer.	20
Charles Denuelle.	20
Henri Chaix, élève de septième au Collège Rollin, *le mois de vacances d'un camarade de l'École primaire.*	90
Mme Lagneau	50
Docteur G. Lagneau..	40
Maria Schmitt, *deux jours de vacances.* .	6
Catherine et Juvénal Cousin, *deux jours.*	6
L. Goldschmidt	900
Lecomte.	100
Edmond Cottinet.	100
	2061 fr.

DÉPENSES

Groupe des filles (10 personnes).

Voitures dans Paris, départ	11	
Chemin de fer pour Luxeuil, aller et retour	276	»
Voiture dans Luxeuil	5	75
Pension chez Mᵐᵉ Bonvalot, 10 personnes	500	»
A la bonne	30	»
Eclairage supplémentaire	4	»
Blanchissage	13	10
Timbres-poste, correspondance des enfants et dépêches	18	15
Papier pour les enfants	1	45
Lait en surplus	11	40
Vin de quinquina	10	»
Pharmacien	4	10
Terrines pour bains de pieds	4	»
Frais à l'église	1	50
Excursion à Plombières	19	50
Guide des Vosges	9	»
Voitures et pourboires au retour	17	75
Honoraires de Mˡˡᵉ Mercier	100	»
	1.036	70

La dépense du groupe des filles ressort à 103 fr. 67 c. par personne, soit, en 32 jours, 3 fr. 23 c. par tête et par jour, tout compris.

Groupe des garçons (onze personnes).

Voitures dans Paris, au départ.	11	»
Chemin de fer pour Chaumont, aller et retour.	195	30
A l'École normale, nourriture	430	70
Blanchissage	27	»
Eclairage.	3	15
Service et gratifications	55	»
Dépenses diverses, dans les promenades, cirage, raccommodages, etc.	15	65
Excursion à Jonchery.	7	15
Factage aux gares	1	20
Voitures à Paris, au retour.	5	»
Timbres-poste.	1	50
Honoraires de M. Lécart	100	»
	852	65

La dépense du groupe des garçons, onze personnes, ressort à 77 fr. 51 c. par tête, soit, pour 32 jours, à 2 fr. 42 c. par personne.

Dépense totale des deux groupes	1.889	35
Soit, pour 21 personnes, par tête.	89	98
Et par jour (32 jours).	2	81
Reste en caisse	172	65

L'Administrateur délégué,

Edmond COTTINET.

IMPRIMERIE CENTRALE DES CHEMINS DE FER. — IMPRIMERIE CHAIX. —
RUE BERGÈRE, 20, PARIS. — 8172-4.

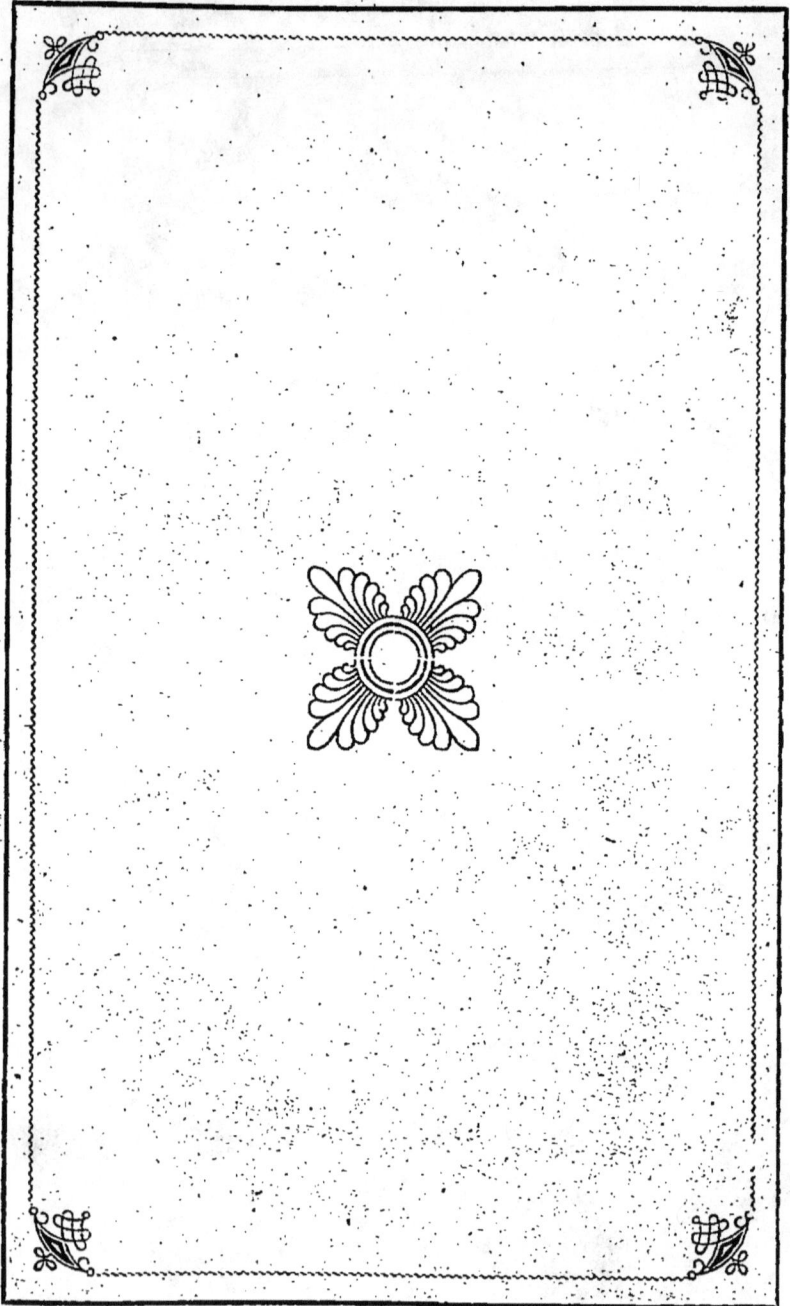

www.ingramcontent.com/pod-product-compliance
Lightning Source LLC
Chambersburg PA
CBHW060814280326
41934CB00010B/2686